Ces Statües sont à proprement parler le débris de la
Collection du Cardinal de Polignac; Depuis la mort de ce
Prélat, elles sont restées chez Adam Sculpteur jusqu'à
sa mort; Il en avoit fait graver dans ce livre cy pour
exciter la curiosité du Public et engager à les acheter
en détail; mais cet expedient n'a pas reussi et enfin
en 1765. le tout a été vendu à l'enchere et a été bon
marché. une partie est encore dans Paris chez plusieurs
Marchands.

Au reste les plus Beaux Morceaux de cette Collection et
quine sont point gravés icy ont été vendus il y a deja
bien longtems au Roy de Prusse, entr'autres la famille
de Niobé. Je les ay vus en 1746. au Chateau de
Charlotembourg appartenant à Sa Majesté Prussienne.

# COLLECTION

## De SCULPTURES ANTIQUES GRECQUES, et ROMAINES,

Trouvées a Rome dans les ruines des Palais

## De NERON, et de MARIUS.

Les ORIGINAUX de cette Collection en Marbre de Paros
et Salin sont chez le Sr ADAM l'ainé Sculpteur ordinaire
du Roy, et Professeur de son Academie Royale de Peinture
et de Sculpture, rue basse du chemin du rempart N.º 13.
deriere la Place de Vendôme, entre la rue de Louis le
Grand, et la rue neuve des Capucines.

## A PARIS.

Se vend à Paris chez JOULLAIN Marchand d'Estampes Quay
de la Megisserie a l'enseigne de la Ville de Rome
1755.

Le Temps découvre les ruines du palais de Marius en 1729. L.S. Adam l'ainé de Nancy inv. et fecit 1754.

*Cette Vignette est le Tombeau d'un des Fils de Faustine, ouvrage Romain en marbre de Paros. Sa hauteur est d'un pied, sa longueur de 3.*

## COLLECTION

De morceaux de Sculpture antiques, tant Grecs que Romains, en marbre de Paros et de Salin, au nombre de 68. trouvés dans les ruines du Palais de Neron au Mont Palatin, et dans — celles du Palais de Marius qui étoit entre Rome et Frescati.

Son Eminence Msgr. le Cardinal de Polignac qui en a acquis la plus grande partie à Rome pendant son Ambassade, les aiant fait conduire en France, les confia au Sr. Lambert Sigisbert Adam Sculpteur ordinaire du Roi, et Professeur de l'Academie Roiale pour les restaurer. Le Sr. Adam en est devenu proprietaire, les aiant acquis des Heritiers de S.E. Il y a joint plusieurs antiques qu'il s'etoit procurés a Rome pendant dix ans de séjour.

Cette collection est rare et singuliere et même piquante tant par la beauté que par la variété des morceaux qui la composent. Elle est propre à la decoration d'une Gallerie, ou d'une Biblioteque, où elle se conserveroit infiniment mieux que si on l'exposoit aux injures de l'air. Arrangée dans un vaste Sallon, et entremêlée d'Urnes, de Vases, de Tables de marbre, de Candelabres, de Girandoles, de Porcelaines montées, avec des Tableaux suspendus au dessus (comme on en voit dans les Palais des Princes d'Italie) on ose dire que ce melange feroit un effet admirable, et d'autant plus interessant qu'il rassembleroit une partie de ce que les fameux artistes de l'antiquité ont produit de rare et de beau. Ces monumens — pourroient encore être consacrés à l'etude de la jeunesse dans une Academie.

Le d. Sr. Adam l'ainé joindroit, si on vouloit à ces antiques cinq Bustes de sa composition qui sont un Apollon, et les quatre Elemens, ce qui feroit en tout 73 morceaux. S'il se presentoit quelqu'un pour faire l'acquisition de la totalité, sa demeure est dans la cour du vieux Louvre. Le tout est gravé d'aprés les dessins du Sr. Adam qui a fait mettre sur chaque Estampe le nom et la grandeur de chaque morceau pour en donner une idée autant qu'il est possible en petit où on ne peut rendre le fini du grand. Il se propose de faire graver dans peu une suite d'Estampes d'aprés les morceaux de Sculpture de sa composition qui sont — placés dans les Maisons Roiales.

Avec Privilege du Roi 1754.

L. S. Adam del.                                   A. Delclet Sc.

Le Faune et la Bacchante qui sont representés en bas-relief sur deux
faces de cet Autel ont un pied de hauteur.

L. S. Adam del.　　Le Mire Sc.

Trois.e face du même Autel dont le bas-
relief represente Silene.

Bas-relief représentant la Conqueste des Indes par Bacchus tiré du Tombeau de
Marc Antoine. Ce monument Grec de marbre Satin, a 3 pieds de hauteur et
2 pieds 10 pouces de large. Ces figures sont hautes d'un pied 10 pou.

**Persée** délivrant Andromede de marbre Paros, ouvrage Grec
en bas-relief, de 2 pieds 3 pouces de haut et d'un pied 6 pou.
de large, les figures ont un pied 3 pou.

Diane *en Medaillon*  Venus *aussi en Medaillon*

*tous deux Grecs de marbre de Paros de 2 pi. 3. po. de haut chacun.*

Aurelien *en Medaillon.*  Vitellius *en Medaillon.*

*Ouvrages Romains de marbre de Paros, d'un pied 3 pouces de haut chacun.*

L. S. Adam del.  G. Chevlet Sc.

L'Amour monté sur une Panthere, ouvrage Grec de marbre de Paros de 2 pieds 7 pouces de haut, la plinthe de 2 pi. 3 po. et l'Enfant 2 pi. de proportion.

Le même Amour vû de l'autre côté.

L.S. Adam del.          A. Fonbonne Sculp.

**Bacchus** enfant monté sur un Bouc, ouvrage Grec de marbre de Paros de deux pieds de haut, la plinthe de trois pieds.

*Le même* Bacchus *de profil.*

Hercule *Farnese, ouvrage Grec de marbre Paros,*
*haut d'un pied, 6 pou.*

Minerve

Figure Grecque de breche violette haute de 2 pieds.

**Bellonne**

*ouvrage Grec de marbre de Paros de 2 pieds de haut*

L'Abondance *ouvrage Romain de marbre,*
*Salon, d'un pied, 11 pouces de haut.*

Jupiter, *ouvrage Romain de marbre de Paros, haut de 2 pieds.*

Junon, ouvrage Romain de marbre
de Paros haute de 2 pieds.

L. S. Adam del.    A. Defehrt Scu.

Venus *a la Pomme d'or, ouvrage Romain,*
*de marbre Paros, haute d'un pied, a peu.*

Venus *sortant du Bain, ouvrage Romain de marbre de Paros, elle a 2 pi. 2 pou. de haut.*

Enfant, *ouvrage Romain de marbre Paros*,
*haut de 2 pieds, 4 pou.*

L. C. Adam del.    A. Defehre Sc.

Bacchus *Enfant assis sur une peau de Bouc, ouvrage*
*Romain de marbre de Paros, d'un pi  y pou de haut.*

Acheloüs ouvrage Grec, de marbre de Paros, il a 2 pieds 8 pou.
de proportion et la plinthe 2 pieds 7 pou.

L. S. Adam del.    P. F. Tardieu Sca.

Nereïde endormie et coucheé sur le rivage. Ouvrage Grec.
Cette figure en marbre de Paros a 3 pieds de proportion.

Hercule *Conquerant, ouvrage Romain de marbre Paros, haut de 2 pieds 5 pou.*

Cõmode *en Hercule, de marbre de Paros,
ouvrage Romain, de 2 pieds 11 pou. de haut.*

Esculape, *ouvrage Romain de marbre*
*Satin haut de 2 pieds 11 pou.*

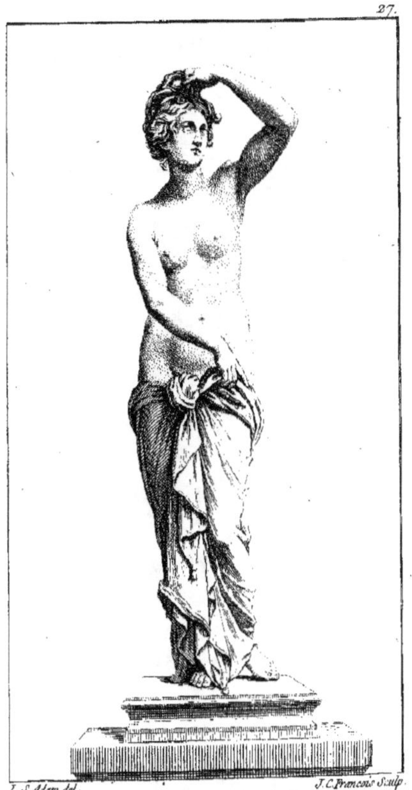

L. S. Adam del.                 J. C. François Sculp.

Venus *pudique, de marbre de Paros,*
*ouvrage Grec, de 2 pieds 11 po. de haut.*

La même Venus vuë de coté.

**Pallas**

Cette Figure est Greq. de marbre Paros
haute de 2 pieds 11 pouces.

Junon *de marbre de Paros, ouvrage Grec de*
*2 pieds 11 pouces de haut.*

**Flore**

*ouvrage Grec de marbre Paros haut de deux
pieds onze pouces.*

L. S. Adam del.                    A. Defehrt Sc.

**Phrygien** *au bas d'une Tour se parant de son bouclier.*
La figure a 3 pi. 6 po. de proportion. Ce monument Grec en marbre Cretois a de hauteur 2 p. 6.

*Le même Phrygien, de face.*

L. S. Adam del.    A. Defehrt Sc.

**Diane** *Ouvrage Romain, de marbre Paros, haute de 3 pieds 6 pou.*

Apollon, *Ouvrage Grec, de marbre Paros,*
*haut de 3 pieds 0 pou.*

L'une des Filles de Licomede, ouvrage Greg. de marbre de Paros, de 3. pieds 7 pou. de haut.

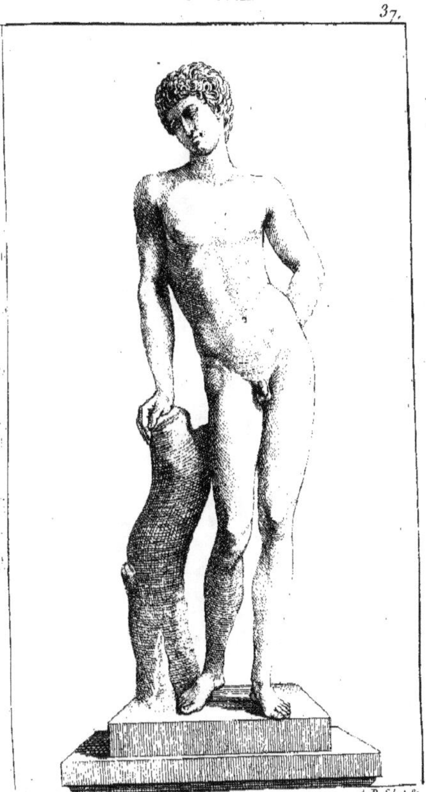



Paris *a la Pomme d'or, ouvrage Greq. de marbre*
*de Paros de 3 pi. 7 po. de haut.*

L. S. Adam del.                    E. Fessard Sculp.

## Isis

Cette figure est Grec. de marbre de Paros haute de 4 pieds.

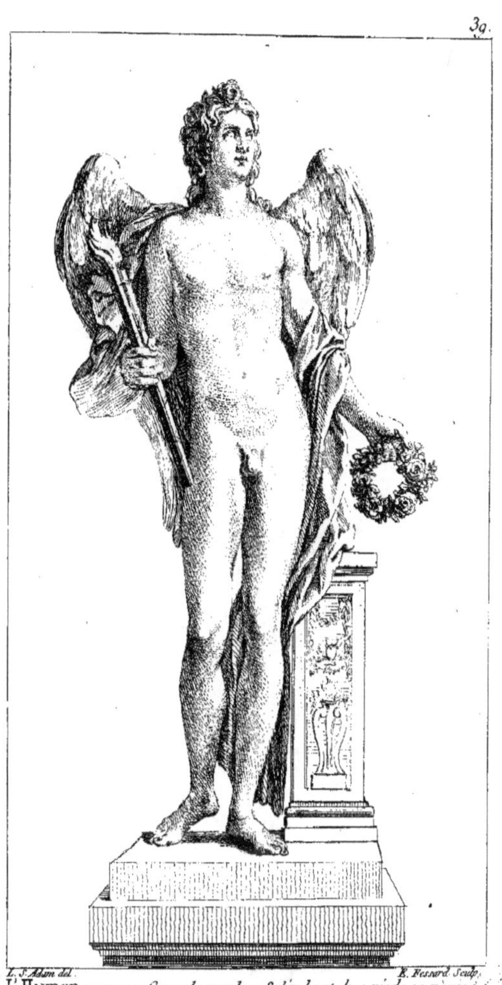



L'Hymen, *ouvrage Grec de marbre Salin haut de 4 pieds 10 pouces.*

## Mercure

*ouvrage Grec de marbre de Paros haut de 4 pieds 10 pou.*

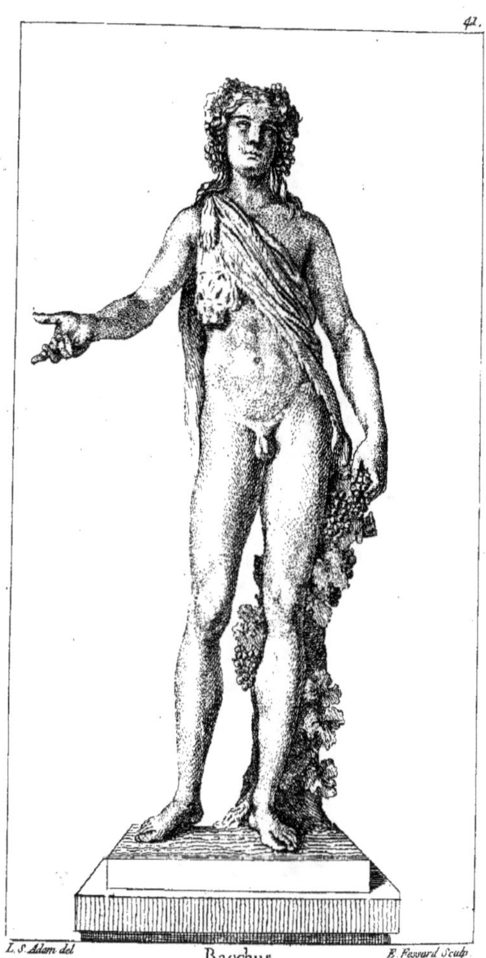



## Bacchus

ouvrage Grec de marbre de Paros de 4 pieds 10 pouces de haut.

Meleagre, *ouvrage Grec de marbre de Paros de 4 pieds 10 pou, de haut.*

**Persée** après la delivrance d'Andromede, pose la teste de Meduse sur du corail petrifié, et teint de son sang. ouvrage Grec de marbre de Paros de six pieds six pouc. de proportion. On pourroit incruster dans le pié-destal qu'on lui fera le bas relief du N.º 5.

L.S. Adam del.

J. Tardieu Sculp.

*Le même Persée vû à droite.*

*Le même* Persée *vû à gauche.*

Germanicus      Lepida *de marbre Salin.*

*Ouvrages Grecs, de marbre de Paros, d'un pi. 6 po. de haut chacun.*

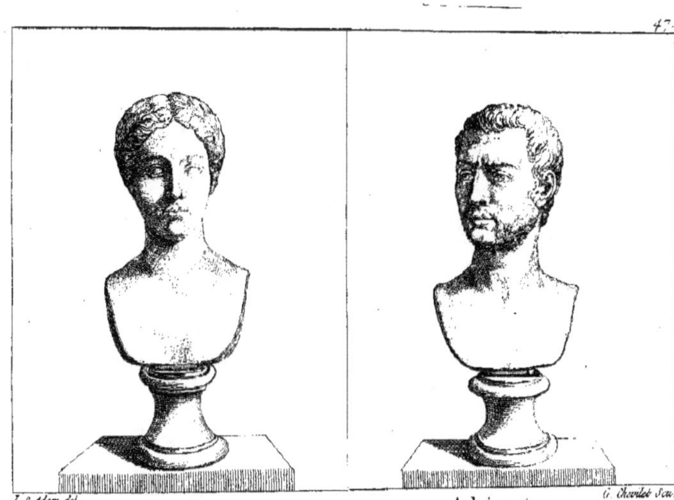



Femme *inconnue*.  Adrien *jeune*.

*Ouvrages Romains, de marbre de Paros, d'un pi. 8 po. de haut chacun.*

Matrone — Nimphe

*ouvrages Romains de marbre de Paros d'un pied 2 po. de haut chacune.*

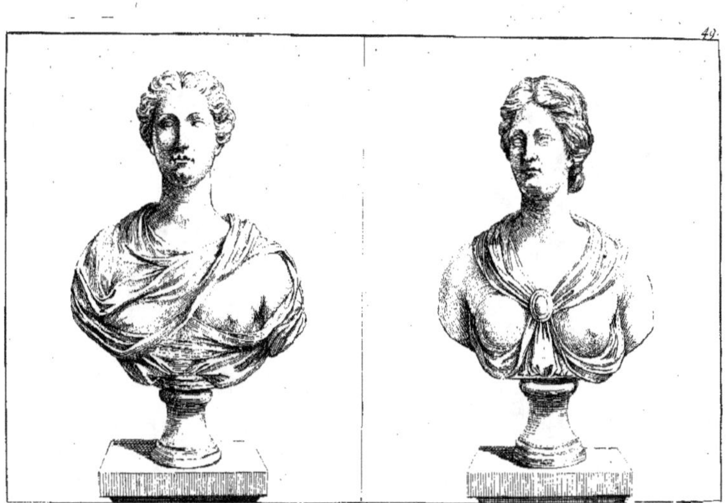



Ouvrages Grecs de marbre de Paros d'un pi. 6 po. de haut chacune

Bacchante

Antinoüs.

ouvrage Romain et l'autre Grec, de marbre de Paros, d'un pied 7 pouces de haut chacun.

L. S. Adam del.

A. Reichrt Scu.

Paris
ouvrage Romain de marbre de Paros
de 2 pi. de hauteur.

Cybelle
ouvrage Grec de marbre de Paros,
de pareille hauteur.

Neron       Messaline

*Ces deux Buste Romains haut. de 2 pi. 3 po. chacun sont en marbre de Paros.*

Longina      Césonia.

ouvrage Romain de marbre de Paros, chaque buste est haut de 2 pieds 3 pou.

Tous deux ouvrages Grecs, de marbre de Paros, de 2 pi. 3 pou. de haut chacun

**Séneque**
*ouvrage Romain de marbre de Paros de*
*2 pieds, 3. pou. de haut.*

**l'Emp.r Comode**
*ouvrage Romain de marbre de Paros, de*
*2 pieds, 1 pou. de haut.*

Ces deux Bustes Romains sont hauts chacun de 2 pieds 7 pouces et de marbre de Paros.

Narcisse *d'un pi. 9 po. de haut.*   Faune *de 2 pi. 3 po. de haut*

*Tous deux ouvrages Romains de marbre de Paros.*

J. S. Iblan del.                                J. C. François Sculp.

Tous deux Buste Romain de marbre Paros de 2 pieds 4 pouces de haut chacun.

Auguste      Lepidus

*Bustes antiques hauts de 2 pieds 10 po. Ouvrages Romains de marbre de Paros*

## Apollon

*Composé et executé en marbre de Carare de 2 pieds 8 pouces de*
*haut. par Lamb.t Sigisb.t Adam l'Ainé de Nancy en 1749.*

L. S. Adam del .

l'Eau.

l'Air.

Ja. Ph. le Bas Sculp.

*Bustes modernes hauts de 2 pi. 6 po. de marbre de Carare composés et executés par Lamb. Sig. Adam de Nancy.*

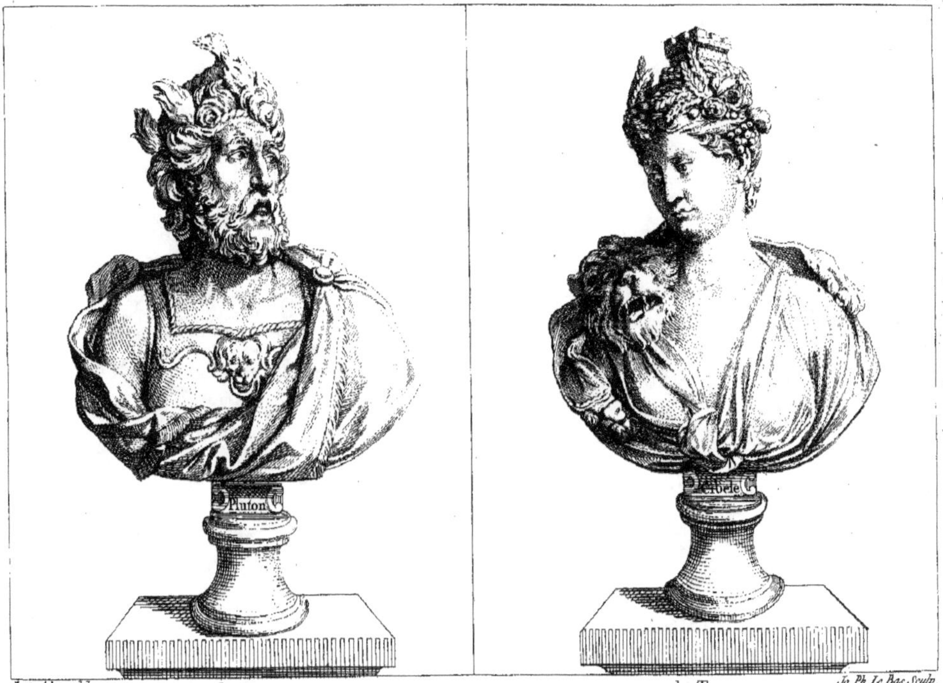

L.S.Adam del.                                                                J.a.Ph.Le Bas Sculp.

le Feu                                        la Terre.

Bustes modernes hauts de 2 pieds 6 po. en marbre de Carare, composés et exécutés par Lam. Sig. Adam de Nancy.

9 782329 771441